RAPPORTS

SUR LES

MINES DE L'ARGENTIÈRE

(HAUTES-ALPES)

Août 1861. — Octobre 1862. — Mars 1864

PAR M. L. GRUNER

Ingénieur en chef des mines, ingénieur-conseil des mines de l'Argentière

PARIS

IMPRIMERIE POUPART-DAVYL ET Cⁱᵉ

RUE DU BAC, 30

—

1864

RAPPORTS

SUR LES

MINES DE L'ARGENTIÈRE

RAPPORTS

SUR LES

MINES DE L'ARGENTIÈRE

(HAUTES-ALPES)

Août 1861. — Octobre 1862. — Mars 1864

PAR M. L. GRUNER

Ingénieur en chef des mines, ingénieur-conseil des mines de l'Argentière

PARIS

IMPRIMERIE POUPART-DAVYL ET Cᵉ

RUE DU BAC, 30

—

1864

RAPPORT

SUR L'ETAT PRESENT

DE LA MINE DE L'ARGENTIÈRE

Visite du Mois d'Août 1861

La mine de plomb argentifère de l'Argentière est située dans la commune de ce nom, à 16 kil. de Briançon (Hautes-Alpes), et à 3 kil. de la route impériale qui conduit de Marseille à Turin, par la vallée de la Durance et le col du Mont-Genèvre.

Les travaux sont ouverts à 2 kil. de la Durance même, sur les bords de l'un de ses principaux affluents de la rive droite, le torrent du Fournel, qui parcourt dans toute sa longueur le haut vallon de l'Alp-Martin.

L'altitude absolue de la mine au-dessus de la mer est de 1,200 mètres, et son élévation au-dessus de la Durance est de 200 mètres. A ce niveau, les rigueurs de l'hiver sont faciles à supporter et les travaux se poursuivent sans peine en toute saison.

Sous ce rapport peu de mines, dans les Alpes, sont aussi favorisées. Ajoutons que sa position, sur les bords boisés du Fournel, lui assure, en toute saison, l'eau nécessaire à ses laveries et machines, et les étais pour ses travaux souterrains.

D'autres circonstances encore favorisent le développement des mines de l'Argentière. La laverie est installée à l'embouchure même de la ga-

lerie principale de roulage et d'écoulement ; le minerai *brut* n'a donc
à subir, au dehors, aucun transport, et le minerai *lavé* est amené, en
moyenne, à raison de 40 à 50 fr. la tonne, depuis la laverie jusqu'aux
fonderies de Marseille. Ces frais de transport subiront d'ailleurs d'ici
à quelques années une double réduction : d'abord, par l'établissement
du chemin de fer d'Avignon à Gap, et ensuite, par la mise en exploitation de la nouvelle grande galerie d'écoulement et de roulage, située
à 127 mètres au-dessous de l'ancienne et presque dans le fond de la
vallée de la Durance.

Citons aussi, la proximité du village de l'Argentière qui dispense de
construire des logements d'ouvriers, et le voisinage du Piémont, d'où
viennent à bas prix les meilleurs mineurs des Alpes ;

Ceux-ci ne se payent, en effet, que   2 fr. 50 à 3 fr.
Les manœuvres. 1   50 à 2
Les laveuses. . . . .   75 à 1   20

Origine de l'exploitation.   L'exploitation remonte à l'Argentière, à une époque fort reculée,
comme l'attestent le nom même de la commune et de nombreuses
galeries anciennes, non percées à la poudre. Les travaux, abandonnés
par suite des guerres religieuses du xvi⁰ siècle, furent repris en 1785,
puis délaissés de nouveau, lors de la Terreur, en 1792 (Voir le *Journal
des Mines* de l'an V).

On rouvrit derechef la mine en 1835, mais les travaux ne reçurent
réellement une impulsion convenable qu'à partir de l'année 1851, date
de la prise de possession de la compagnie actuelle.

Étendue de la concession.   La première concession, accordée le 16 janvier 1838, n'avait qu'une
étendue de 23 hect. 24 ares. Mais à la suite de deux demandes en ex-
tension, la concession nouvelle, accordée le 20 mai 1857, mesure aujourd'hui 250 hect.

Nature du gîte.   La mine de l'Argentière comprend un filon principal, et fort probablement un ou deux filons secondaires parallèles placés vers 150 mètres
au toit du premier (1).

---

(1) Je dis *fort probablement*, parce qu'il n'est pas encore rigoureusement
prouvé que ces filons secondaires supérieurs soient réellement distincts du
filon principal et non de simples lambeaux rejetés de celui-ci.

Quoi qu'il en soit à cet égard, ces divers filons ou lambeaux de filons furent tous plus ou moins exploités anciennement le long des affleurements, et fouillés de nouveau depuis 1835. Pendant ces dernières années, par contre, tous les travaux ont été concentrés sur le filon principal, et même sur un point unique de ce filon, situé au fond même de la gorge que parcourt le Fournel, entre le haut vallon de l'Alp-Martin et la vallée de la Durance. Ce point est connu sous le nom du Gorgeat.

La roche au travers de laquelle percent les filons de l'Argentière appartient au quartzite des Alpes (formation du *trias*), sorte de grès blanc siliceux, dur, dans lequel l'abatage du mètre cube en place revient à 20 ou 25 fr. en moyenne. Ce prix est élevé, mais aussi, par compensation, les galeries sont en général solides et exigent fort peu de bois de soutènement.

Roche encaissante.

Les bancs de quartzite courent du sud au nord, parallèlement à la vallée de la Durance, plongeant fortement vers l'ouest, en sens contraire de la pente du sol; tandis que les filons, ou lambeaux de filons, sont tous orientés du S.S.O. au N.N.E. (N. 45° E. mag.), en inclinant de 30 à 35° vers l'est, à l'inverse des bancs de quartzite.

La puissance du filon principal oscille, en moyenne, entre 1 mètre et 1 m. 50, avec des renflements locaux de 4 à 5 mètres ou des bifurcations plus ou moins étendues, suivis d'étranglements de 0 m. 30 à 0 m. 60.

Le minerai proprement dit est ici, comme ailleurs, inégalement réparti. On a rencontré souvent des parties presque massives de 0 m. 20 à 0 m. 80, comme aussi sur d'autres points, dans les renflements surtout, presque uniquement du minerai de bocard.

Pour fixer les idées à cet égard, disons que les parties tout à fait stériles sont rares et que la moyenne des dix années d'exploitation (1) a été de 425 kil. de schlich par mètre carré de la superficie *totale* du filon (en comprenant dans cette superficie les piliers réservés, stériles ou peu riches) ou environ 450 kil. par mètre carré réellement enlevé. Ajoutons que, sur certains points, la teneur du filon monte néanmoins

(1) De juillet 1851 à juillet 1861, 16,000 m. q. ont fourni 6,800 tonnes de minerai préparé.

à 6 et même 800 kil. par mètre carré, mais aussi qu'elle descend ailleurs à 2 ou 300 kil.

Le minerai lavé tient en moyenne 50 kil. de plomb et 160 gr. d'argent aux 100 kil.

Gangue. La gangue du filon se compose principalement de fragments resoudés du quartzite encaissant, associé sur quelques points à de fortes masses de baryte sulfatée compacte, gris bleuâtre.

Galène. En fait de minéraux métalliques étrangers, on ne voit çà et là, au milieu de la galène à grains fins, que des pyrites de fer, dont la proportion est au maximum de 2 à 3 0/0, et un peu de cuivre gris argentifère, intimement associé à la galène proprement dite.

Mode d'exploitation. Les difficultés qu'offre l'exploitation sont peu considérables. Comme le filon incline suivant le sens même de la pente du terrain, on peut exploiter par simples galeries jusqu'à 300 ou 350 mèt. verticalement au-dessous de la crète du filon. L'eau et le minerai sont par là amenés à la surface presque sans autres frais que ceux qui sont dus à l'abatage proprement dit. — La seule difficulté réelle provient de la multiplicité des failles qui découpent le filon en une série de massifs plus ou moins isolés. De là de nombreux percements, au travers du rocher stérile, pour retrouver ces massifs épars. L'ensemble, néanmoins, offre assez de régularité, et aujourd'hui que la loi des rejettements est bien connue, les recherches et les percements en question ne sont pas plus onéreux à l'Argentière que dans la généralité des autres mines.

Étendue actuelle de l'exploitation. Le champ d'exploitation actuel, ouvert, au lieu dit le *Gorgeat*, dès les siècles passés, communique au jour par la galerie de roulage et d'écoulement, et 3 ou 4 galeries accessoires, principalement destinées à l'aérage des travaux. La galerie principale a 70 mèt. de longueur ; elle part du centre des ateliers de lavage et aboutit au cœur même des travaux souterrains. — De ce point les chantiers s'étendent en direction, de chaque côté, jusqu'à 140 ou 150 mèt. ; et, en montant le long du filon, on est arrivé verticalement au niveau de 75 mèt., tandis qu'en descendant on a atteint la cote de 25 mèt. — Ainsi donc, en direction, les travaux occupent une étendue de près de 300 mèt., et en hauteur verticale, 100 mèt., ce qui correspond à environ 150 ou 160 mèt., mesurés suivant la ligne de pente du filon même. — Ce

serait, par suite, un rectangle de 300 mèt. par 150 à 160 mèt.
ou. . . . . 45 à 48,000 m. q.

De cette superficie on a exploité depuis 1848.   6 à 17,000 » »

Les anciens travaux antérieurs en occupent. .   5,000 » »

Les parties pauvres et stériles, ou les massifs
qu'il faut laisser sous le torrent et les maisons. . .   12.000 » »

Ce qui donne un total déjà utilisé de. . . .   33 à 34,000 m. q.
et par suite, il resterait encore à exploiter, dans le rectangle en question, une superficie de 12 à 14,000 mèt. q., laquelle, à raison de
430 kil. par mètre carré, peut fournir 5,500 à 6,000 tonnes de minerai lavé.

Mais ce chiffre nécessite quelques explications pour ne pas être mal
compris. On pourrait, selon le sens que l'on y attache, attribuer à la
mine, dans son état actuel, une richesse trop grande, ou bien lui sup-
poser un avenir beaucoup trop restreint.

Il importe de prévenir cette double erreur.

En fait d'exploitations souterraines, il faut toujours distinguer avec
soin, d'une part, les réserves déjà préparées et à l'abatage desquelles
on peut procéder *immédiatement* sans aucuns frais accessoires nouveaux, et d'autre part, les réserves *non encore disponibles*. Celles-ci,
dans la plupart des cas, doivent, à leur tour, être partagées en réserves
certaines et en réserves simplement probables. J'entends par réserves
certaines non disponibles celles dont l'existence, par l'ensemble des
travaux déjà accomplis et la disposition générale du gîte, n'est sujette
à aucun doute, mais dont l'exploitation proprement dite exige encore
des travaux préparatoires plus ou moins coûteux ; tandis que je nomme
réserves *probables* celles dont l'existence n'est pas complétement
assurée, mais qui ont pourtant en leur faveur un très-grand degré de
probabilité, d'après l'ensemble des caractères géologiques du gîte en
question.

Eh bien, les 12 à 14,000 mèt. q. (ou 5,500 à 6,000 tonnes) de réserves ci-dessus mentionnées comprennent, outre la totalité des massifs prêts à être abattus, une *faible* fraction seulement des réserves
certaines non disponibles, car il reste encore, en dehors d'elles, une

étendue beaucoup plus grande de réserves tout aussi certaines, et, de plus, la totalité de celles qui sont simplement *probables*.

En calculant exactement l'étendue réelle des réserves *préparées*, d'après l'état des travaux tels que je les ai trouvés fin août de cette année, on arrive à une superficie *disponible* de 6,000 mèt. q., pouvant donner 2,700 tonnes de schlich, en admettant comme ci-dessus, 450 kil. par mètre carré. — C'est un approvisionnement pour trois ans, en se basant sur l'extraction normale des dix années écoulées. Restent donc, sur le rectangle en question, 7 à 8,000 mèt. q. ou environ 3,000 tonnes, comme réserve *non préparée*. — Mais, ainsi que je viens de le dire ; ce n'est là qu'une faible fraction de la totalité des réserves certaines. — La seule différence entre les unes et les autres, c'est que les 7 à 8,000 mèt. q. dont je viens de parler, appartiennent au champ d'exploitation actuellement en activité et pourront être atteints très-prochainement par des travaux très-peu coûteux, tandis que les autres exigent le percement de galeries plus étendues et un laps de temps plus long. ·

Pour établir l'existence de ces réserves qui exigent, pour leur abatage, des travaux préparatoires d'une certaine importance, il suffit de rappeler que le rectangle ci-dessus mentionné de 300 mètres sur 150 n'est positivement borné qu'en amont, du côté de l'ouest, où se trouve l'affleurement du gîte, mais que dans les trois autres sens le filon est simplement coupé par des failles qui changent son niveau relatif d'un certain nombre de mètres, mais n'arrêtent nulle part son prolongement proprement dit. — Ce qui le prouve, c'est que de pareilles failles ont été traversées, à diverses reprises, dans la partie déjà exploitée. — Ce sont ces failles, comme nous l'avons dit, qui augmentent plus ou moins les frais, parce qu'il faut percer le rocher stérile pour rejoindre au delà la suite du minerai, mais ce minerai a été retrouvé toujours, comme il est facile de s'en assurer, en visitant la mine ou en jetant tout simplement les yeux sur le plan des travaux. Ainsi, dans ces derniers mois, on vient de franchir l'importante faille qui bornait depuis assez longtemps le prolongement des travaux vers le nord-est. Le filon se montre au delà avec sa puissance et sa richesse habituelles. L'existence du minerai était, au reste, même *à priori*, parfaitement certaine sur ce point, car la crète du filon et une série d'anciennes fouilles, encore accessibles, s'étendent vers le nord jusqu'à la distance d'au moins 1,000 mètres. On les rencontre spécialement sur trois points : auprès du hameau de l'*Eysaillon*, dans la partie haute des escarpements *Saint-Roch* et au lieu dit *la Pinée*. Les travaux de Saint-Roch, surtout, sont fort étendus.

Au sud, sur l'autre rive du Fournel, on a de même exploité, il y a moins de dix ans, au lieu dit de l'Albret, soit le même filon rejeté, soit un filon supérieur. Le *Journal des mines* de l'an V mentionne, de son côté, d'anciens travaux au hameau de l'*Ubac*; enfin, sur les deux rives du torrent, à 200 mètres en aval de la mine principale, on peut encore visiter plusieurs fouilles où l'on a jadis exploité, comme à l'Albret, soit un double filon supérieur, soit le filon principal, ici bifurqué et ramené au jour par une puissante faille. Mais, selon toute probabilité, c'est plutôt un filon parallèle plus élevé.

Ainsi, non-seulement le filon principal se poursuit en direction, sur un développement de plus de mille *mètres*, mais on connaît encore, au sud de cette ligne, d'autres affleurements qui paraissent appartenir à un ou deux filons supérieurs.

D'autre part, l'expérience de tous les filons prouve que, s'ils se prolongent en direction, ils s'étendent aussi en profondeur; et par le fait, dans la mine de l'Argentière, on suit déjà le filon sans interruption sur une hauteur verticale de 100 mètres (soit 150 mètres selon la pente), et, du sommet des travaux actuels jusqu'à la Pinée, il y a de plus une différence de niveau de 150 mètres. Ainsi donc, verticalement, on connaît déjà le filon sur une hauteur de 250 mètres, et partout, dans le fond des travaux, on voit le filon s'enfoncer encore. Il y a tout lieu de penser, d'après cela, que le minerai descend tout au moins jusqu'au niveau de la vallée de la Durance, à 200 mètres environ au-dessous du siége actuel de l'exploitation.

C'est pour atteindre et exploiter ces parties basses qu'on a entrepris, au mois d'octobre 1855, une nouvelle galerie d'écoulement et de roulage à 127 mètres de distance verticale au-dessous de l'ancienne. Elle se dirige depuis les bords du Fournel, perpendiculairement à la direction générale du filon, sur N. 45° O. du méridien magnétique, et a atteint aujourd'hui la longueur totale de 264 mètres. On lui donne une pente régulière de 0 m. 005 par mètre, et une section ovale de 2 m. 70 de hauteur sur 1 m. 80 de largeur maximum.

Momentanément suspendue depuis le mois de mars de l'année courante, à cause du percement d'un puits d'aérage, elle ne tardera pas à être reprise. Pour atteindre le filon, il faut s'avancer encore d'une centaine de mètres; car, selon toutes les probabilités, la galerie ne recoupera le minerai qu'entre 350 à 400 mètres de son embouchure (1). C'est à l'époque où cet événement aura lieu qu'une nouvelle laverie devra être installée auprès de l'entrée de cette galerie et que les frais de transport du minerai lavé, jusqu'à la route impériale, seront réduits de 4 à 5 fr. par tonne.

Ainsi donc, en résumé, si le champ d'exploitation actuel comprend un rectangle de 300 mètres sur 150 mètres, dont un bon tiers reste encore à exploiter, on peut ajouter que, par l'ensemble des travaux anciens et nouveaux, on a acquis la presque certitude que le filon occupe en réalité, au-dessus du niveau de la Durance, dans le sens *horizontal*, une étendue d'au moins 1,000 mètres; et, suivant le sens de sa pente, 400 mètres au minimum, et 450 à 500 mètres dans les parties où la crête du filon remonte jusqu'à la Pinée.

Prix de revient.

L'avenir de la mine est, par suite, pleinement assuré; ce n'est donc pas de l'*existence* du minerai qu'on a à se préoccuper, mais de son *prix de revient* comparé à son prix de vente. C'est ce point qui nous reste à traiter.

Depuis dix ans, la production moyenne a été de 700 tonnes net par an; et dans le cours des deux dernières années (1860 et 1861) elle a même atteint 750 tonnes.

Les frais d'extraction, comprenant l'ensemble des recherches et des travaux stériles et même le percement de la galerie d'écoulement, qui a coûté 35,000 fr. environ depuis 1855, se sont élevés en moyenne à 270 fr. par tonne de schlich préparé, savoir :

(1) Cette galerie a traversé trois couches d'anthracite avant de pénétrer dans le quartzite. On exploite cette anthracite pour les besoins de la mine et de la laverie, et la concession en a été demandée. (Cette concession a été accordée par décret du 28 février 1863.)

— 13 —

Abatage proprement dit . . . . 75 fr.
Roulage, boisage, etc. 30
Recherches dans le terrain stérile. 55

Total des frais de la mine. . . . 160 f.   160 f.
Lavage..   40
Frais divers et généraux.   70

Total. . .   270 f.

A quoi il faut ajouter :

Pour transport à Marseille, commission de
vente, etc.   60

Prix de revient du minerai rendu à Marseille. .   330 f.
D'autre part le minerai contient en moyenne :
500 kil. de plomb et 1,600 gr. d'argent ;
mais sur lesquels on déduit pour déchets de fusion :
70 kil. de plomb et 4 0/0, soit 64 gr. d'argent.
Il reste donc :
430 kil. de plomb à 500 fr. la tonne. . . .   215 f. » c.
1536 gr. d'argent à 21 c.   322   55

Valeur de la tonne. . .   537 f. 55 c.
Dont il faut déduire :
1° Pour frais de fusion . . . .   70 f. » c.
2° Pour frais de coupellation des 430 kil.
de plomb à 60 fr. la tonne..   25   80

Total à déduire. .   95 f. 80   95   80

Reste..   441 f. 75 c.
Dont on retranche encore 3 0/0 d'escompte.   13   25

Reste en définitive, pour valeur nette payée
à l'exploitation. . . . .   428 f. 50 c.
Or le prix de revient est de.   330   »

Donc le bénéfice moyen par tonne est de. .   98 f. 50 c.

Ainsi le bénéfice est de près de 100 fr. par tonne ; il s'est même presque élevé à 150 fr. en 1855, année où la production fut de 900 tonnes. On conçoit, en effet, que les frais généraux et les travaux stériles doivent à peu près rester constants, et, par suite, d'autant moins charger le prix de revient que la production est plus considérable.

C'est grâce à ces bénéfices annuels que la Compagnie actuelle a pu élever successivement les divers bâtiments dont se compose l'établissement, et même les reconstruire presque intégralement à deux reprises différentes, à la suite des inondations désastreuses de 1852 et 1856. Ajoutons que les digues qui protégent la laverie contre les débordements du torrent sont aujourd'hui rétablies d'une façon assez solide pour braver, à l'avenir, les plus hautes eaux.

Bénéfices.

Quant au bénéfice, nous devons observer encore que, indépendamment de la production annuelle, deux autres causes surtout peuvent modifier son importance.

Lorsque la majeure partie des chantiers rencontrent *momentanément* des parties moins riches du filon, le minerai de bocard ou de lavage s'accroît forcément aux dépens du minerai de criblage. Or, le schlich bocardé étant de 12 à 15 unités plus pauvre que le minerai criblé, il en résulte que la teneur moyenne du mélange peut alors descendre de 50 0/0 à 45 ou 46 0/0 de plomb.

D'autre part, le prix courant du plomb varie également, et depuis peu, par le fait du régime douanier nouveau, la valeur du plomb a été plus souvent voisine de 475 fr. que de 500 fr. la tonne.

Ainsi, en admettant une teneur de 45 à 47 0/0 de plomb et un prix de vente de 475 fr. la tonne, le bénéfice se trouverait ramené à 50 fr. environ, à moins de supprimer en même temps une partie des travaux stériles. C'est par ces motifs que le bénéfice moyen des deux dernières années a été peu supérieur à 60 fr. Mais il est bien évident que le prix du plomb remontera dès que la crise commerciale actuelle aura pris fin ; de plus, la teneur momentanément faible du minerai n'a rien d'alarmant, puisque de pareilles variations sont dans la nature même des choses. Si aujourd'hui on est, sous ce rapport, au-dessous de la moyenne, il ne faut pas oublier qu'en 1855 on l'a dépassée d'autant, et qu'ainsi 90 à 100 fr. représentent bien réellement le bénéfice moyen.

Remarquons aussi qu'en augmentant la production de l'Argentière, par l'extension graduelle du nombre des points d'attaque du filon, non-seulement on abaissera l'influence des frais généraux et des travaux stériles sur le prix de revient, mais encore il s'établira une sorte de compensation entre les chantiers pauvres et les chantiers riches, de telle sorte que les variations de teneur seront moins sensibles et que le bénéfice annuel s'écartera moins de la moyenne générale.

J'ai fait voir, dans l'un de mes rapports annuels précédents, qu'en consacrant, à l'extension des travaux, une somme de 100 à 125,000 francs, il serait facile d'arriver, en moins de trois ans, à une production minimum de 100 tonnes par mois, ou même au chiffre de 150 à 200 tonnes, si l'on se décidait à consacrer immédiatement au développement des travaux une somme de 200 à 250,000 fr.

Or, il est évident qu'avec une pareille production annuelle d'environ 2,000 tonnes, le bénéfice moyen monterait par cela même de 100 fr. à 120 ou 130 fr. par tonne, d'où résulterait un bénéfice total de 250,000 fr. par an.

Terminons ce rapport par l'énumération succincte des divers bâtiments extérieurs dont se compose l'établissement actuel de l'Argentière.

En suivant le torrent, d'amont en aval, on trouve sur la *rive droite* :

1° Un long bâtiment d'un étage, avec mansardes au-dessus, servant de logement au directeur;

2° Un autre bâtiment, voisin du premier et de même hauteur, comprenant la cantine et les logements du contre-maître et du garde-magasin.

Sur la *rive gauche* :

3° Un bâtiment contenant les bureaux, la pharmacie, le laboratoire, ainsi que les logements de l'ingénieur et du comptable;

4° Non loin du précédent, l'atelier de forges et de réparations, et au-dessus, le magasin des outils et agrès de l'établissement;

5° La laverie proprement dite, composée de trois ateliers distincts, le tout groupé autour de l'embouchure de la galerie actuelle de roulage et d'écoulement. Ce sont :

a) Un vaste atelier comprenant au rez-de-chaussée :

1° Une paire de cylindres broyeurs avec sa roue hydraulique ;

2° Un bocard de 15 flèches et 2 tables à secousses, mus par une deuxième roue ;

3° Une douzaine de cribles à cuve à double levier (système anglais) et un ensemble de canaux et de bassins pour le dépôt des sables et des schlamms ;

4° Enfin, au premier étage du même atelier, la menuiserie et des magasins.

b) Un deuxième atelier contenant trois tables circulaires anglaises (***round buddles***), avec labyrinthe et une cuve de battage pour le mélange des schlichs. A la suite, on a encore établi, sous un hangar, l'atelier de cassage et de triage du gros.

c) Un troisième bâtiment, à un niveau inférieur, destiné au débourbage, triage et cassage du menu de la mine. Il renferme, outre le débourboir, un trommel-classeur et des tables de cassage pour les trieuses.

Les divers bâtiments de la laverie sont d'ailleurs reliés entre eux et avec la mine par un ensemble complet de chemins de fer et de monte-charges.

Dans l'intérieur de la mine les voies de roulage sont également pourvues de chemins de fer, et une roue hydraulique intérieure fait marcher directement une pompe foulante destinée à épuiser les eaux de l'aval-pendage.

Paris, ce 1er décembre 1861.

L. GRUNER,
Ingénieur en chef des Mines.

RAPPORT ANNUEL

SUR

LES MINES DE L'ARGENTIÈRE

VISITE DU MOIS D'OCTOBRE 1862

Le rapport de l'année 1861 comprend la description générale du gîte de l'Argentière, et fait connaître l'ensemble des travaux exécutés dans le cours des dix années antérieures. L'année qui vient de s'écouler n'ajoute aucun fait saillant à ceux que fait connaître le rapport en question.

Pour pouvoir juger de l'état actuel des choses, il suffira de résumer en peu de mots les résultats de cette dernière année d'exploitation.

Toutefois, rappelons d'abord que le champ d'exploitation proprement dit occupait, l'an dernier, un rectangle de 300 mètres par 150 mètres, tandis que le filon embrasse en réalité, dans son ensemble, une superficie totale d'au moins 1,000 mètres, suivant la direction, par 400 mètres selon le sens de la pente. Aujourd'hui rien n'est changé quant à cette étendue totale du filon, telle qu'elle résulte de l'étude des affleu-

rements et des fouilles anciennes et modernes. Mais le champ d'exploitation proprement dit s'est accru de 50 mètres, en direction vers le nord-est, en conservant d'ailleurs une richesse égale à celle des parties déjà exploitées: au fond, cela n'ajoute rien aux réserves déjà connues, mais augmente pourtant le degré de certitude que l'on est en droit de réclamer, lorsqu'on cherche à établir leur existence par de simples études faites à la surface du sol. A cet égard donc, les travaux de l'année présente viennent confirmer pleinement les assertions du rapport général de l'année antérieure. Ils prouvent, d'une façon toujours plus péremptoire, que le filon exploité au Gorgeat se prolonge bien réellement vers le nord-est dans la direction de la Pinée.

L'année dernière (août 1861 à fin juillet 1862) a fourni 764,595 kil. de minerai préparé (poids net), soit une moyenne de 63 à 64 tonnes par mois. Cette quantité provient de 1,077 mètres carrés de filon; ce qui donne 708 kil. par chaque mètre carré, tandis que l'an dernier, pour une extraction totale presque égale, de 64 à 65 tonnes par mois, le mètre carré abattu a produit à peine 600 kil. (1).

Cette différence provient de diverses causes :

D'une part, la puissance du filon a été, sur quelques points, dans le courant de cette année, exceptionnellement forte, tandis qu'en même temps les pertes de la préparation mécanique ont été amoindries par un meilleur système de classement des minerais broyés. D'autre part, la teneur moyenne des schlichs, qui était de 47 à 48 0/0 en 1860, ne s'est guère élevée, pendant le dernier exercice, à plus de 45 0/0. En définitive cependant, même si nous tenons compte de cette moindre richesse des schlichs, il suit des chiffres précédents que le rendement du filon a été, l'an dernier, plus considérable qu'en 1860, et cela sans aucune hausse dans le prix de revient de la tonne.

(1) Dans le rapport de l'an dernier, j'évaluai la production moyenne du mètre carré à 450 kil. seulement; mais il importe de ne pas confondre les deux modes d'évaluation. Le produit moyen de dix ans a été de 450 kil., en comprenant dans la superficie exploitée celle des massifs *pauvres* ou *stériles* non *abattus*, tandis que les productions de 600 et de 708 kil. correspondent seulement aux massifs *réellement abattus*.

Les 1,077 mètres carrés abattus proviennent des districts suivants :

Zone de la rive droite.	652 mètres carrés.
District du Nord.	358 —
District du Torrent.	67 —
TOTAL.	1,077 mètres carrés.

Ce dernier district est maintenant à peu près épuisé, tandis que les réserves disponibles sont aujourd'hui spécialement abondantes dans la région du nord, là où le champ d'exploitation a gagné 50 mètres suivant le sens de l'allongement. On peut compter sur ce point que les réserves préparées occupent un carré de 50 mètres sur 50,

Soit une étendue de	2,500 mètres carrés.
Sur la rive droite on entame l'abatage de deux zones nord - sud, dont l'une a 120 mètres sur 12, soit.	1,440 —
et l'autre 60 sur 8, soit.	480 —
TOTAL.	4,420 mètres carrés,

qui fournissent en moyenne, grâce aux perfectionnements apportés à la préparation mécanique, environ 500 kil. par mètre carré. Soit un produit total de 2,210 tonnes.

A ce chiffre viennent encore s'ajouter 3 à 400 tonnes à prendre sur divers points où des piliers plus ou moins riches ont été réservés pour les cas imprévus. On peut donc compter, en définitive, sur une réserve *immédiatement disponible* de 2,500 à 2,600 tonnes, capable de fournir annuellement 800 tonnes pendant trois ans. C'est une réserve identique à celle que j'ai signalée dans mes divers rapports des années précédentes.

Pour bien apprécier d'ailleurs la signification de ce chiffre, il suffit de rappeler, ainsi que je l'ai fait remarquer dans le rapport général de l'an dernier, qu'outre les réserves *immédiatement disponibles*, il en est d'autres, beaucoup plus étendues, dont l'existence est tout aussi certaine, mais qui exigent encore, pour devenir immédiatement exploitables, des travaux préparatoires plus ou moins importants : tels sont, en particulier, les deux districts mentionnés sous les rubriques (A et B) dans le rapport de septembre 1860; je veux dire le district situé au *nord* des vieux travaux et celui qui s'étend au *nord-est* des travaux actuels dits du *Nord*. Dans le courant de la dernière année on a fait quelques percements pour avancer la mise en œuvre de ces deux régions. A partir des vieux travaux on a commencé un montage le long de la faille qui conduit au district (A) situé en amont. A cause de l'abondance des eaux provenant du canal d'arrosage, on n'a pu achever cette galerie d'aménagement; mais elle pourra l'être cet hiver, saison pendant laquelle le canal est à sec; on rendra alors *disponible* une nouvelle zone du filon d'au moins 80 mètres sur 60.

Quant au district (B), situé au nord-est des travaux du Nord, on le prépare progressivement à mesure que s'avancent en direction les galeries du Nord; et l'on a vu ci-dessus que l'avancement de cette année a été de 50 mètres. Outre cela, on a foncé le puits d'aérage, dont je conseillais également le creusement dans mon rapport de 1860, et s'il n'est pas encore entièrement terminé, cela provient également des eaux du canal d'arrosage. On pourra donc aussi l'achever maintenant, et au fait il ne reste à percer que 3 ou 4 mètres pour établir la communication désirée, ce qui non-seulement est indispensable pour l'extension du district en question, mais encore pour la mise en œuvre du chantier d'abatage dans le district actuel du Nord.

On voit donc, en résumé, qu'à l'aide de quelques travaux préparatoires peu coûteux il est possible d'assurer l'avenir *immédiat* de la mine pour plusieurs années au delà des trois déjà mentionnées.

Je recommande vivement l'exécution prochaine de ces divers travaux, afin de parer à toutes les éventualités.

En terminant, je dirai qu'on n'a pas travaillé dans le courant de cette année à la grande galerie d'écoulement inférieure, dont la longueur actuelle est de 264 mètres, et qui n'atteindra l'aval pendage du filon qu'entre 350 et 400 mètres.

Quant à la laverie, elle se compose toujours des bâtiments énumérés dans mon rapport général de l'année dernière; mais on y a installé deux nouveaux appareils qui ont amené le meilleur classement ci-dessusmentionné. Ce sont deux *trommels* qui divisent le minerai débourbé et le minerai broyé en plusieurs catégories de grosseur, dont le criblage est alors plus facile. On peut obtenir ainsi la même production avec un moins grand nombre de cribleuses.

Dans le bâtiment de débourbage on a aussi installé deux cribles à piston pour laver les gros sables classés.

Enfin, je dois mentionner encore le plan général de surface, destiné à recevoir l'indication de toutes les fouilles anciennes et modernes, plan dont je recommandais l'exécution dans mes rapports antérieurs. M. Laforce a pu s'en occuper sans négliger ses autres travaux et pourra l'achever dans le courant de cet hiver.

Bref, je crois pouvoir conclure de ma visite d'inspection que l'état général de la mine continue à être satisfaisant à tous égards, et que son avenir est assuré, pourvu que l'on ne néglige jamais les travaux d'aménagement.

L'Argentière, ce 21 octobre 1862.

L. GRUNER,
Ingénieur en chef.

RAPPORT SUPPLÉMENTAIRE

sur

LES MINES DE L'ARGENTIÈRE

———

Depuis ma dernière visite du mois d'octobre 1862, les travaux de l'Argentière se sont régulièrement développés conformément à mes prévisions ; et, d'après les rapports mensuels que m'adresse M. l'ingénieur Laforce, chargé de la direction des travaux techniques, j'ai pu constater :

1° Que le produit en minerai préparé s'est élevé régulièrement, depuis cette époque, à 60 tonnes par mois ;

2° Que les travaux préparatoires se sont en même temps étendus de telle sorte que les massifs préparés assurent dès maintenant une réserve immédiatement disponible de 3,500 à 4,000 tonnes au lieu de 2,500 à 2,600 trouvées au mois d'octobre 1862. Il y a donc eu progrès depuis cette époque.

————

Quant à l'avenir plus éloigné de la mine, je rappellerai que, dans mes deux rapports de 1861 et 1862, j'ai établi :

1° Que le gîte métallifère de l'Argentière s'étendait, en direction, sur au moins 1000 mètres, et, suivant le sens de la pente, sur 400 mètres ;

2° Que le produit moyen par mètre carré du filon était de 450 kil.
en minerai préparé.

Or, sur les 400 mètres comptés suivant le sens de la pente, 300
mètres se trouvent au-dessus de la grande galerie nouvelle de roulage
et d'écoulement. La superficie à exploiter sera donc de 300,000 m. q.
dès que cette galerie sera achevée, c'est-à-dire, dans deux ou trois
ans.

En réduisant cette superficie aux deux tiers, pour tenir compte des
parties stériles ou déjà exploitées, il restera 200,000 mèt. q. pour la
région exploitable; ce qui donne, à 450 kil. par mètre carré, une
réserve totale de 90,000 tonnes, soit, à 2,000 tonnes par an, un
avenir assuré pour quarante-cinq ans.

Et comme le bénéfice par tonne sera de 120 à 130 fr., lorsque le
produit annuel atteindra 2,000 tonnes, on pourra alors compter sur
un bénéfice total d'environ 250,000 fr. par an, bénéfice plus que
suffisant pour assurer largement l'intérêt et l'amortissement des
obligations projetées.

Paris, ce 23 mars 1864.

L. GRUNER,
Ingénieur en chef.

2068. — PARIS. — IMPRIMERIE POUPART-DAVYL ET Cᵉ, RUE DU BAC, 30.

www.ingramcontent.com/pod-product-compliance
Lightning Source LLC
Chambersburg PA
CBHW070221200326
41520CB00018B/5736